THIS BOOK BELONGS TO:

HOW TO DRAW

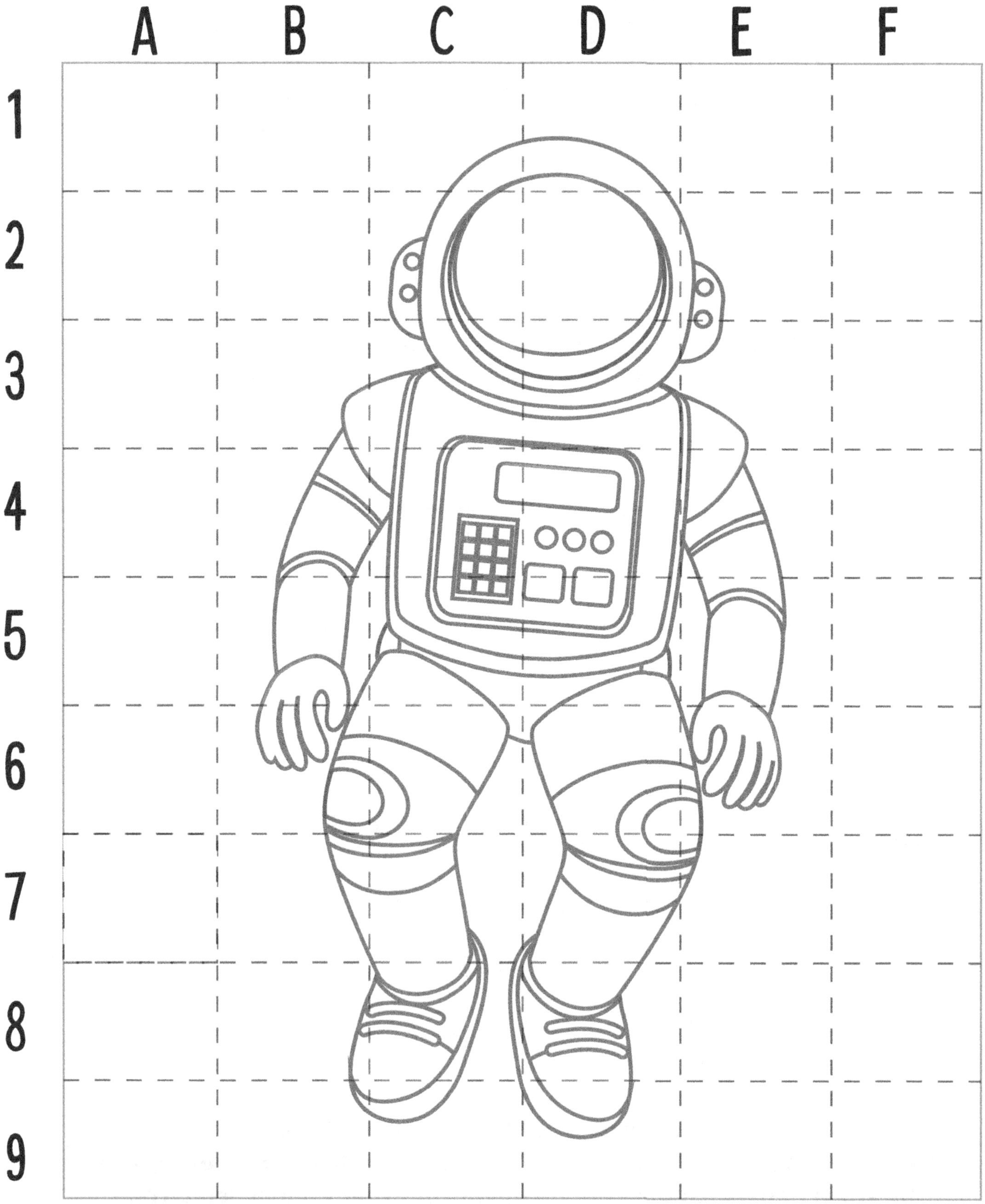

YOUR TURN!

	A	B	C	D	E	F
1						
2						
3						
4						
5						
6						
7						
8						
9						

HOW TO DRAW

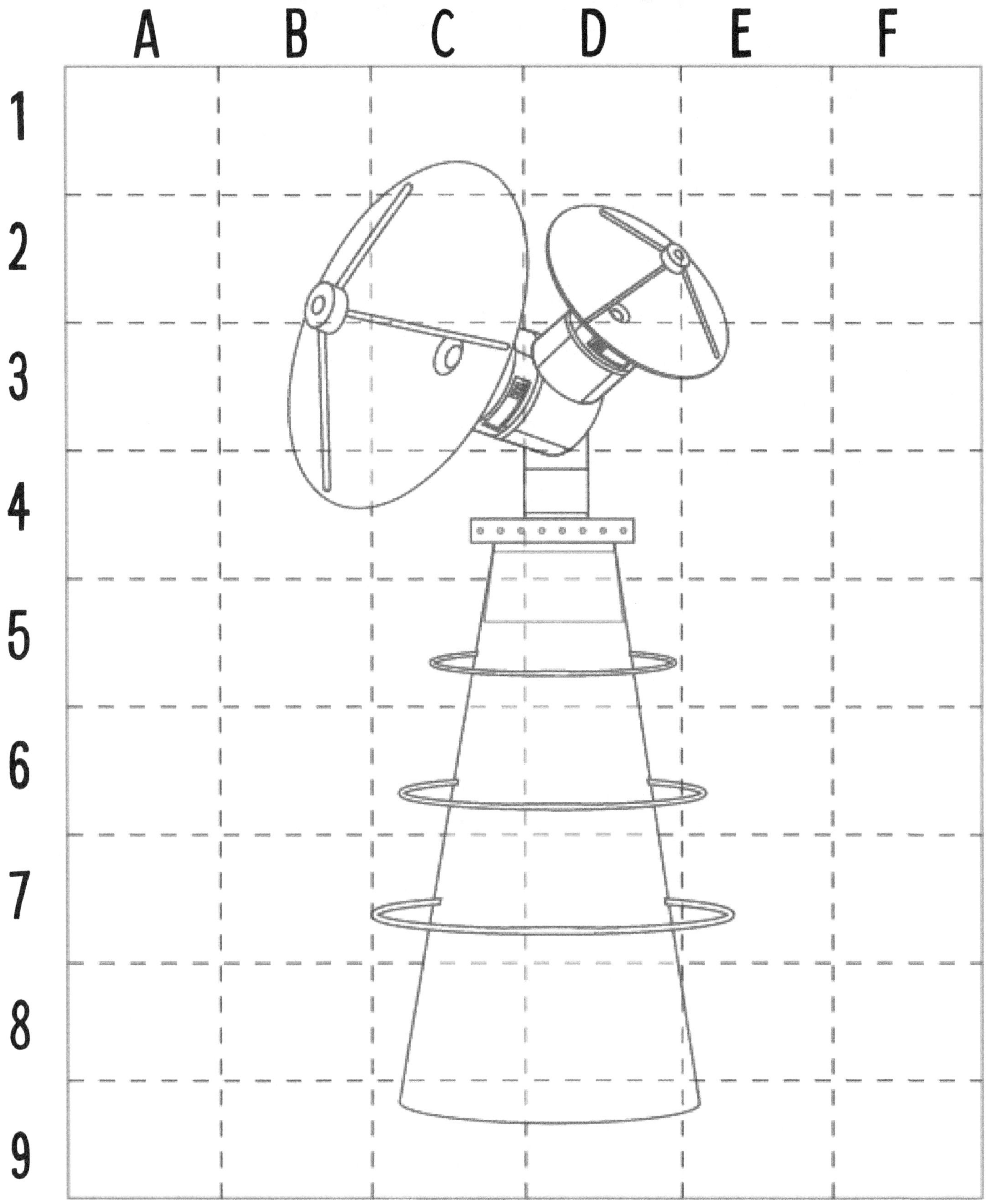

YOUR TURN!

	A	B	C	D	E	F
1						
2						
3						
4						
5						
6						
7						
8						
9						

HOW TO DRAW

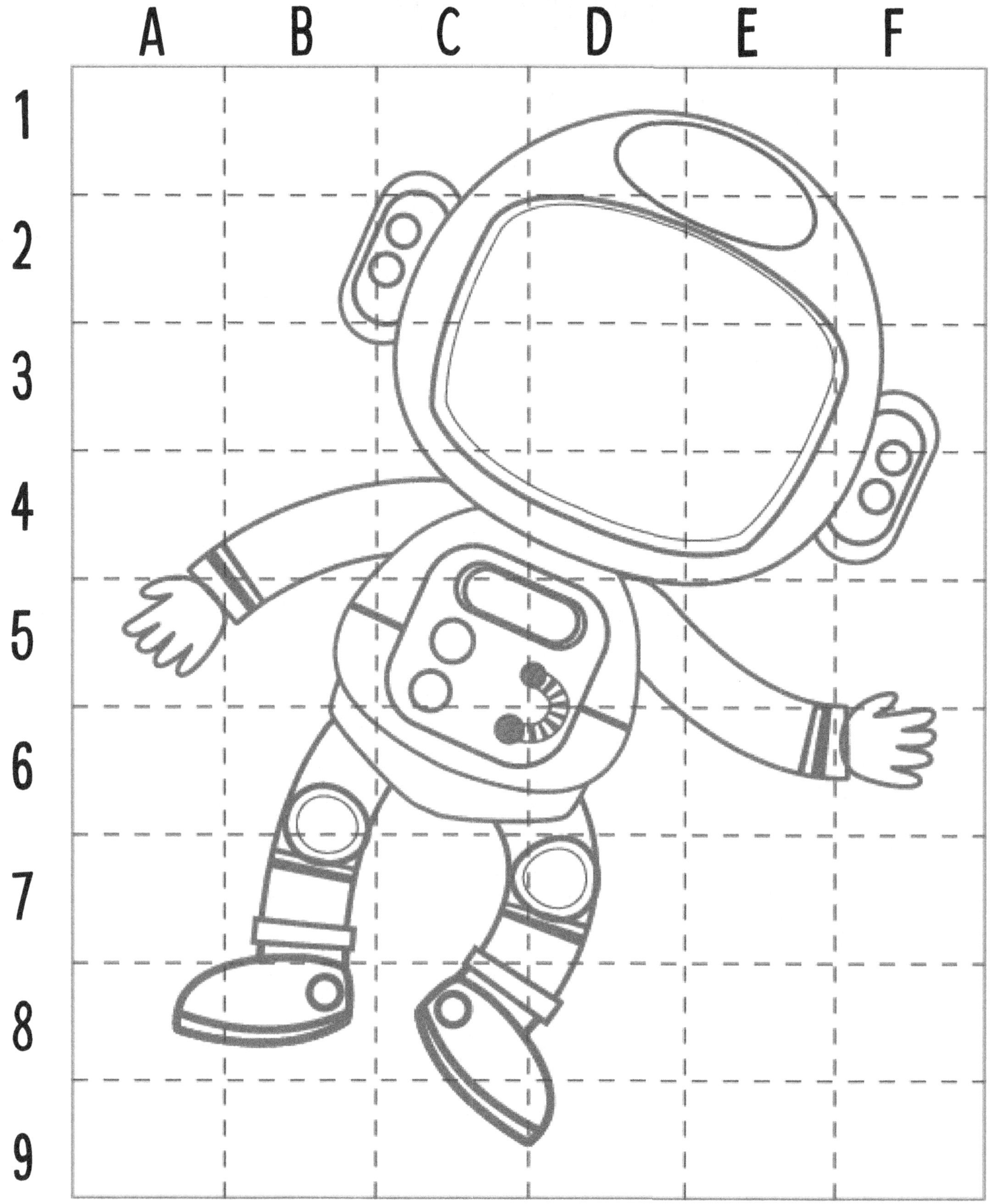

YOUR TURN!

	A	B	C	D	E	F
1						
2						
3						
4						
5						
6						
7						
8						
9						

HOW TO DRAW

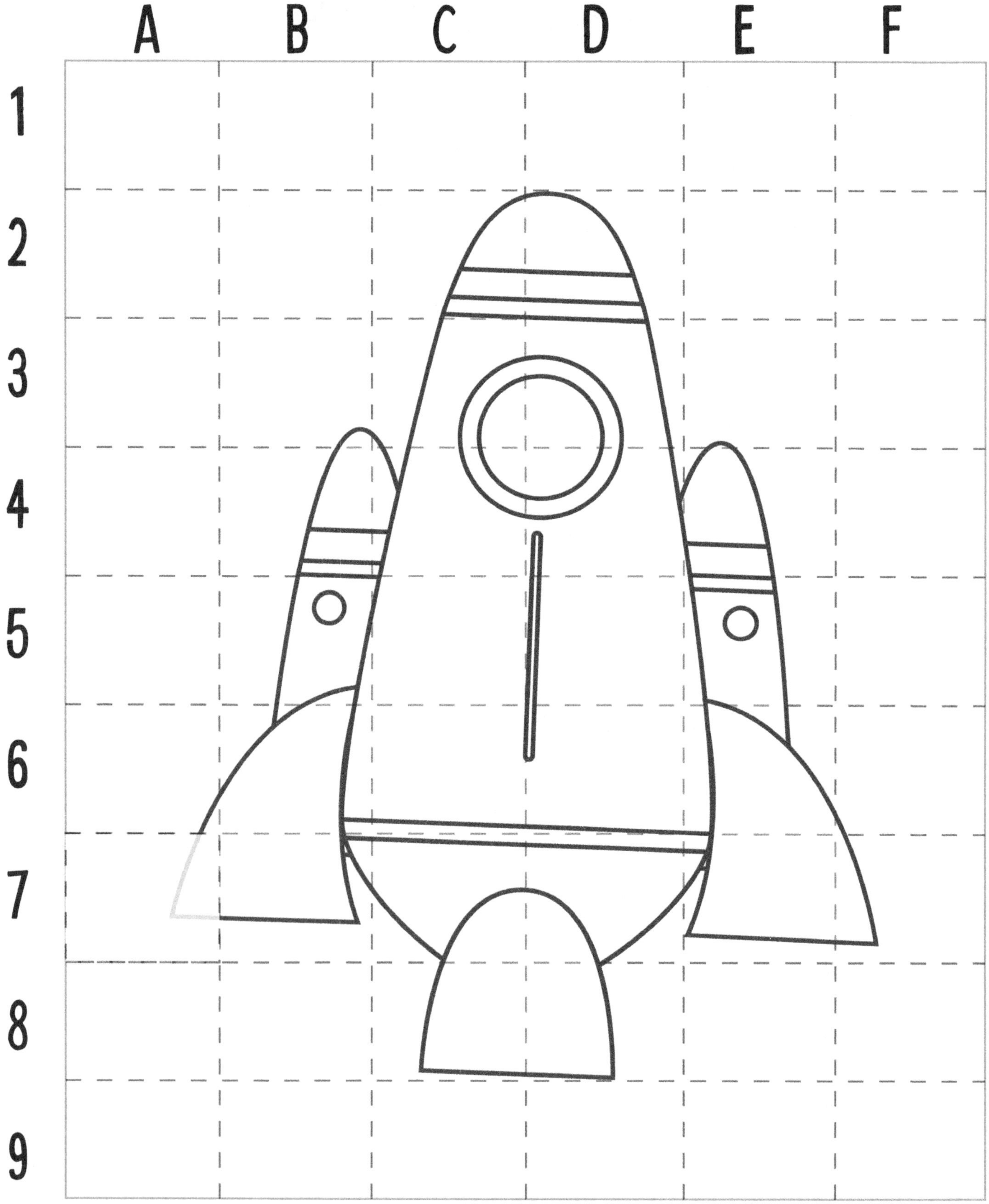

YOUR TURN!

	A	B	C	D	E	F
1						
2						
3						
4						
5						
6						
7						
8						
9						

HOW TO DRAW

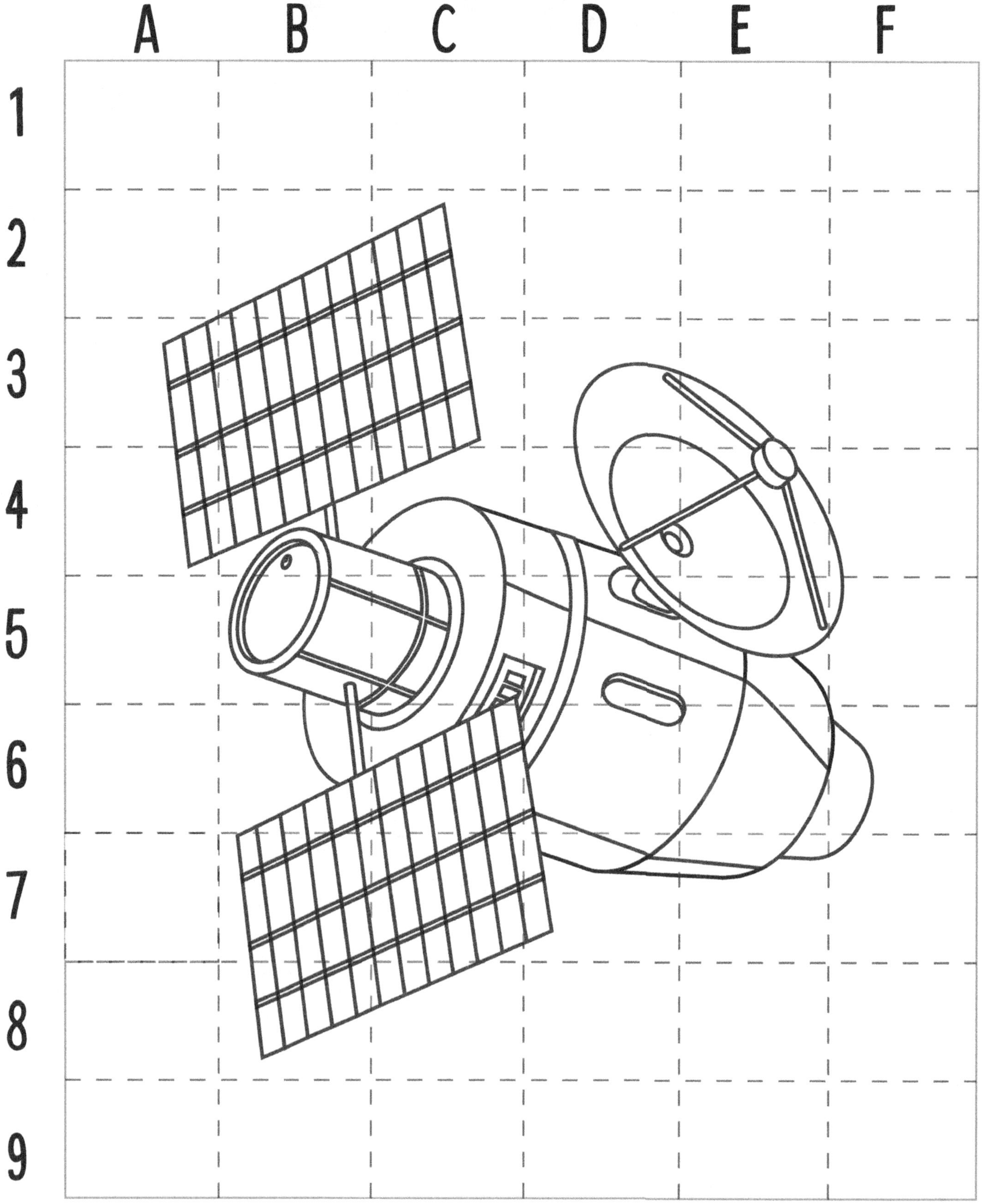

YOUR TURN!

	A	B	C	D	E	F
1						
2						
3						
4						
5						
6						
7						
8						
9						

HOW TO DRAW

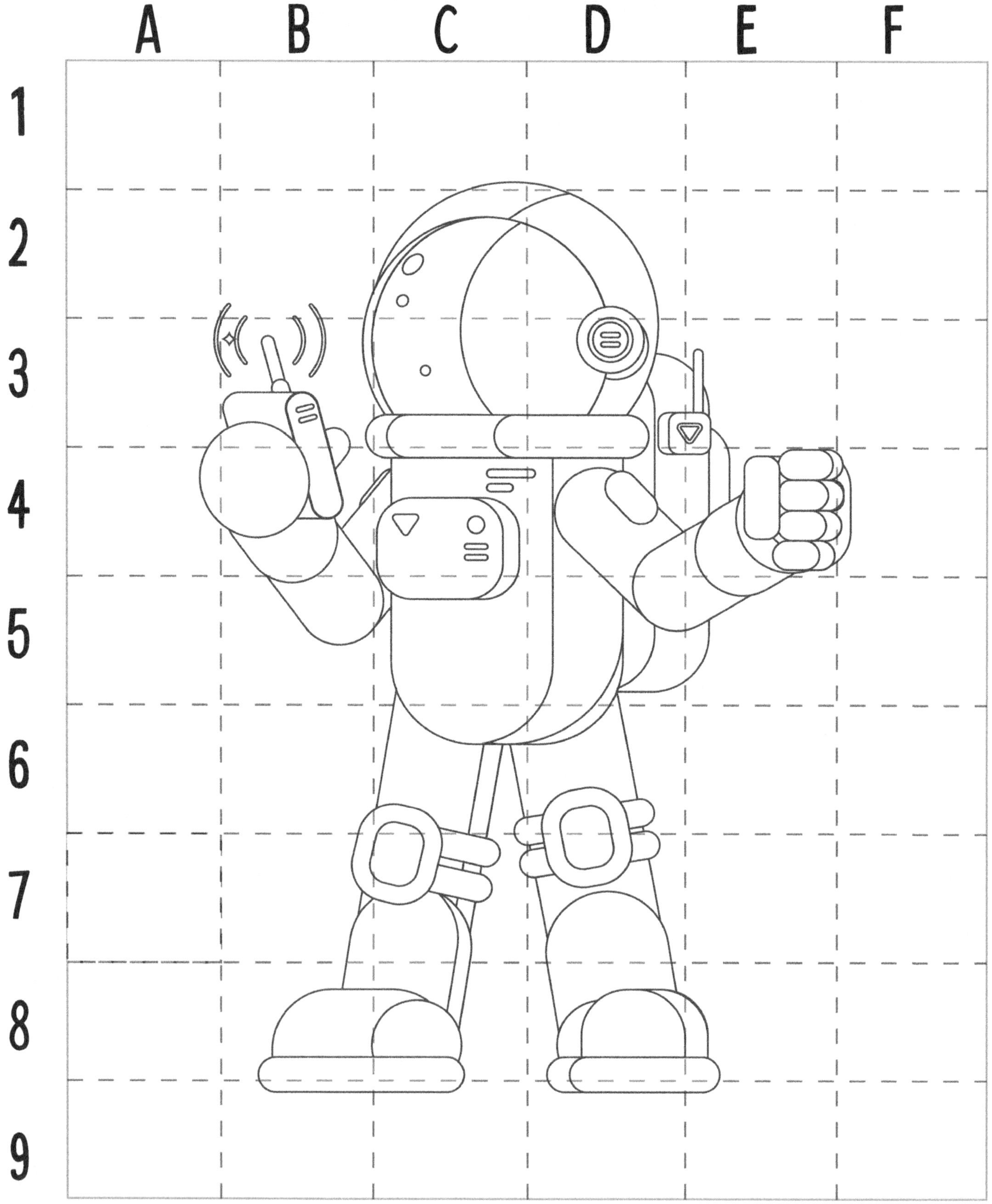

YOUR TURN!

	A	B	C	D	E	F
1						
2						
3						
4						
5						
6						
7						
8						
9						

HOW TO DRAW

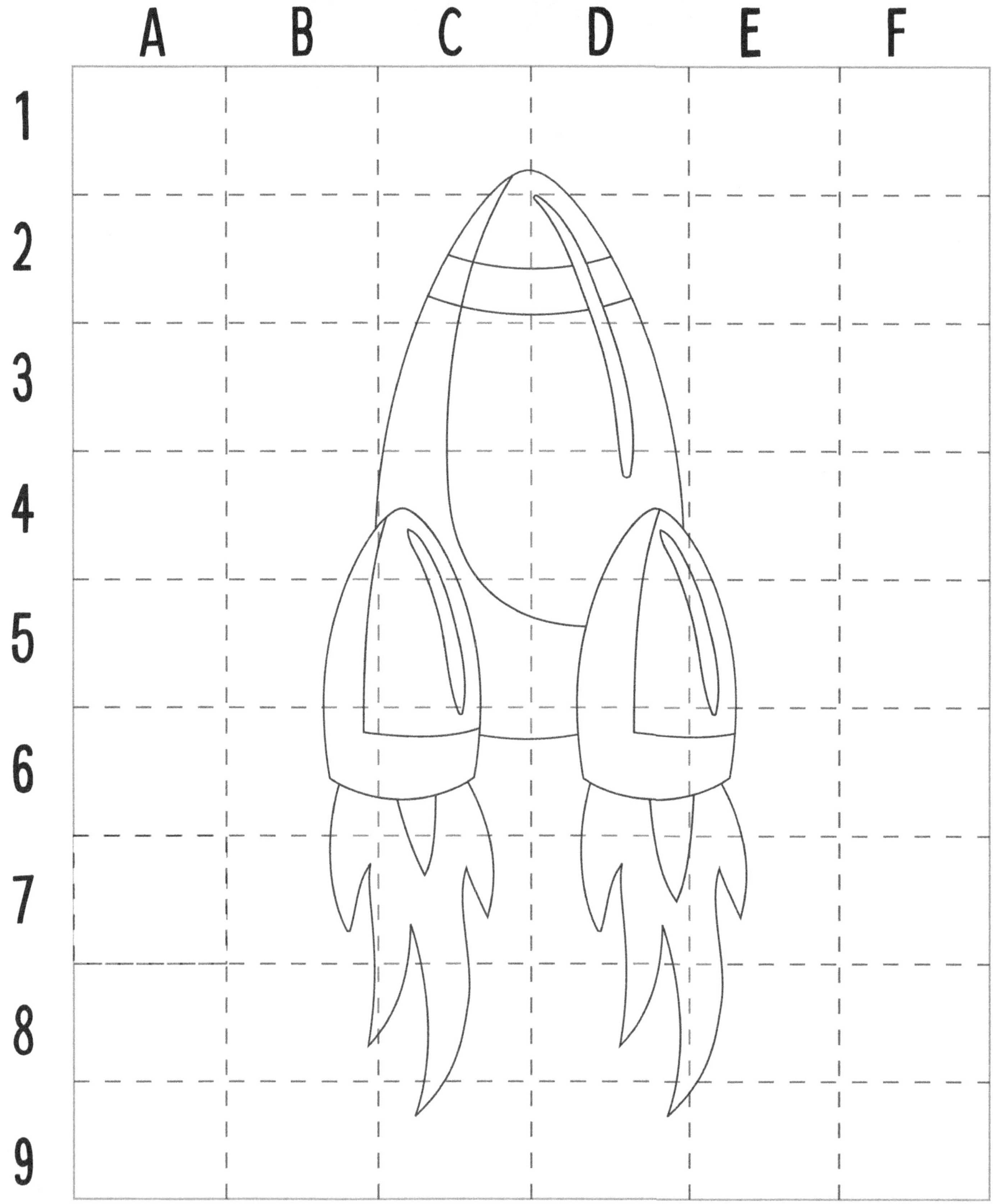

YOUR TURN!

	A	B	C	D	E	F
1						
2						
3						
4						
5						
6						
7						
8						
9						

HOW TO DRAW

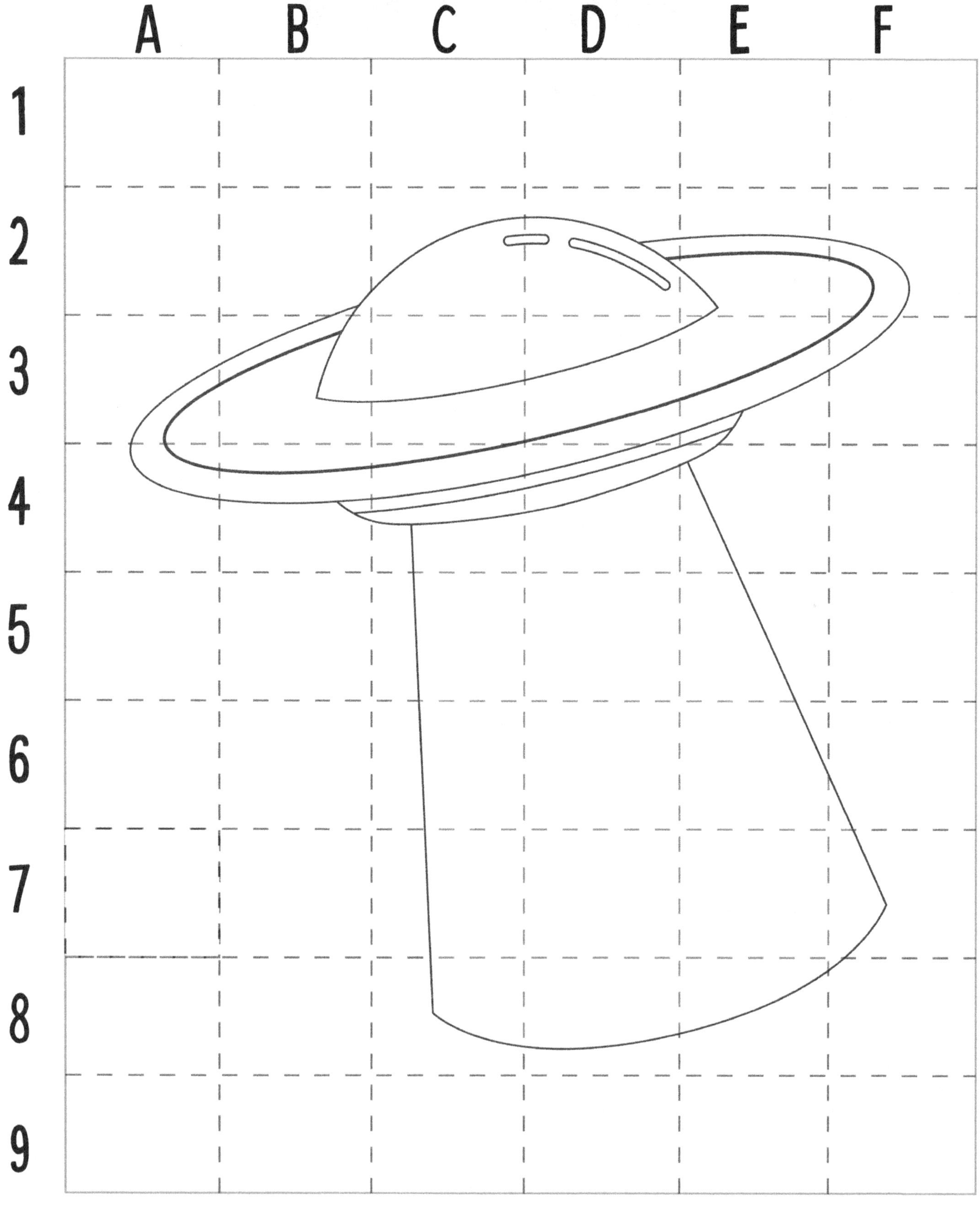

YOUR TURN!

	A	B	C	D	E	F
1						
2						
3						
4						
5						
6						
7						
8						
9						

HOW TO DRAW

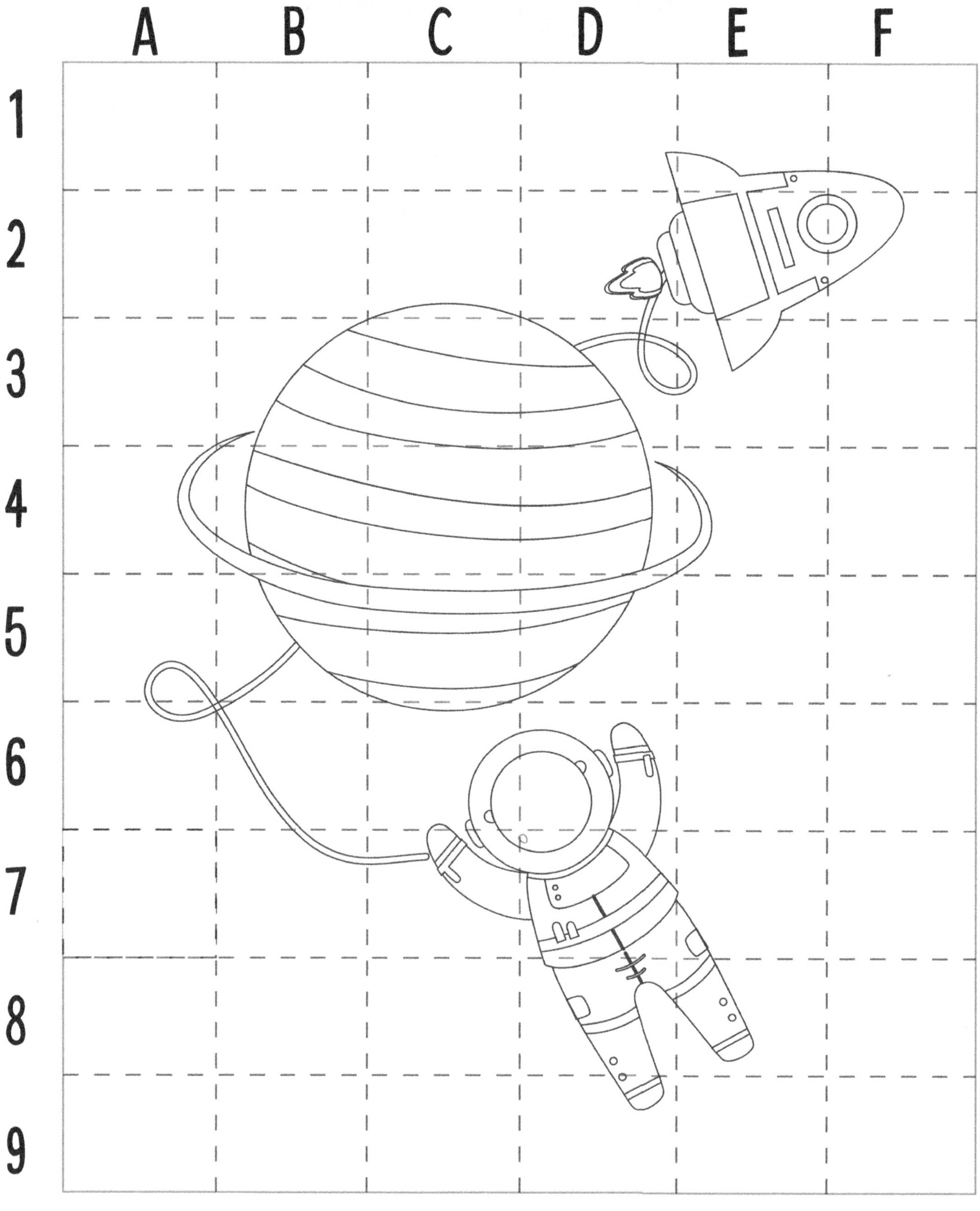

YOUR TURN!

	A	B	C	D	E	F
1						
2						
3						
4						
5						
6						
7						
8						
9						

HOW TO DRAW

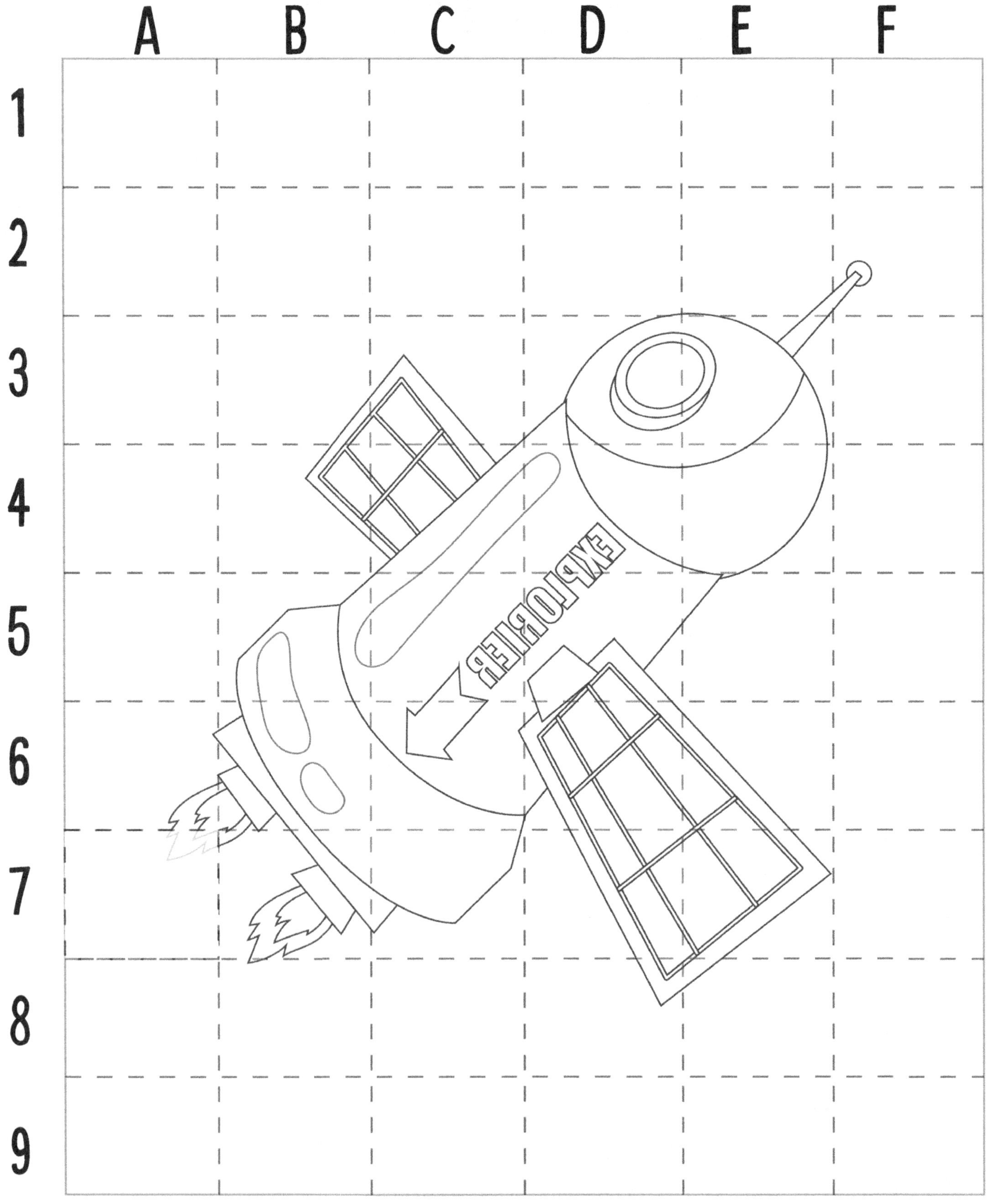

YOUR TURN!

	A	B	C	D	E	F
1						
2						
3						
4						
5						
6						
7						
8						
9						

HOW TO DRAW

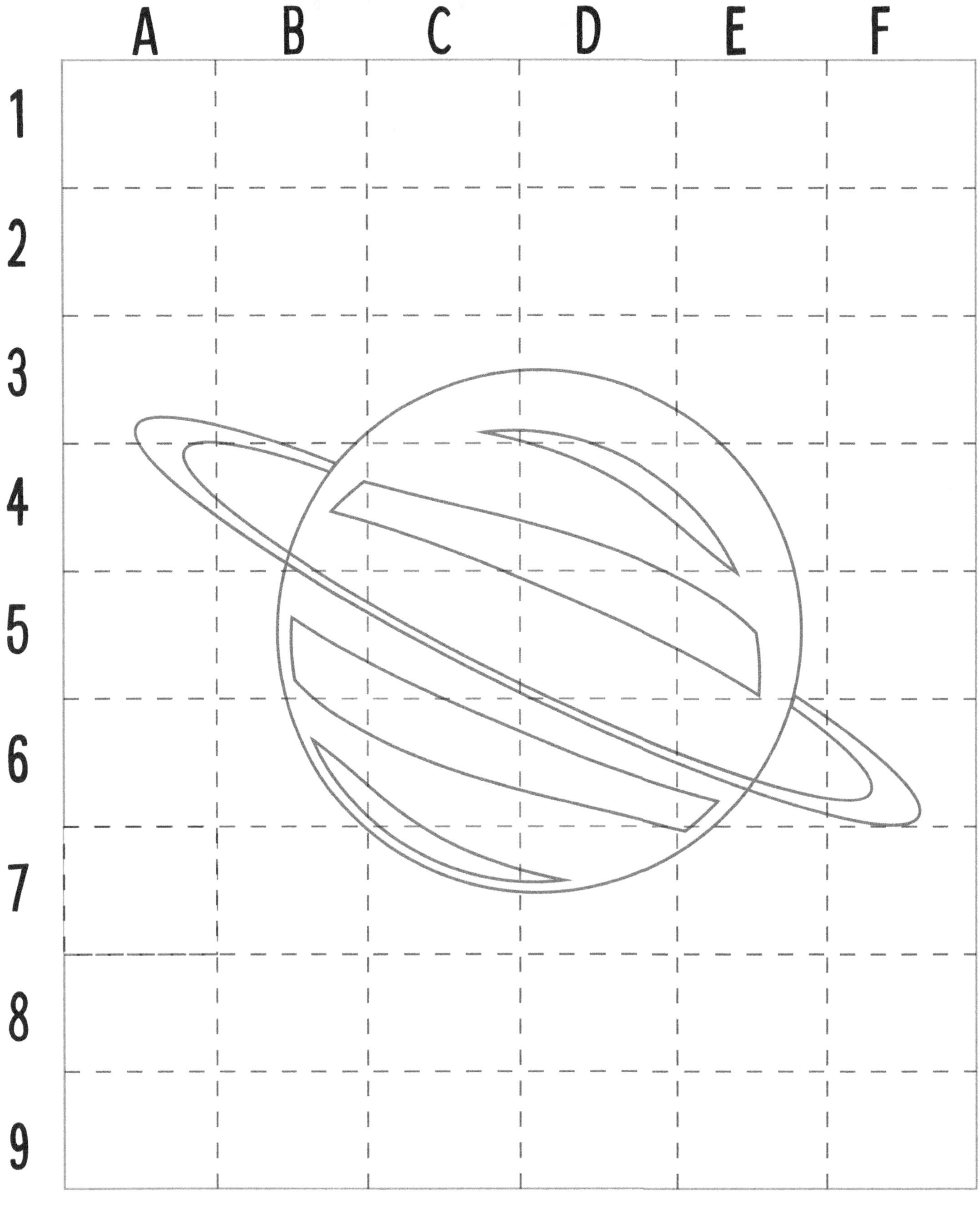

YOUR TURN!

	A	B	C	D	E	F
1						
2						
3						
4						
5						
6						
7						
8						
9						

HOW TO DRAW

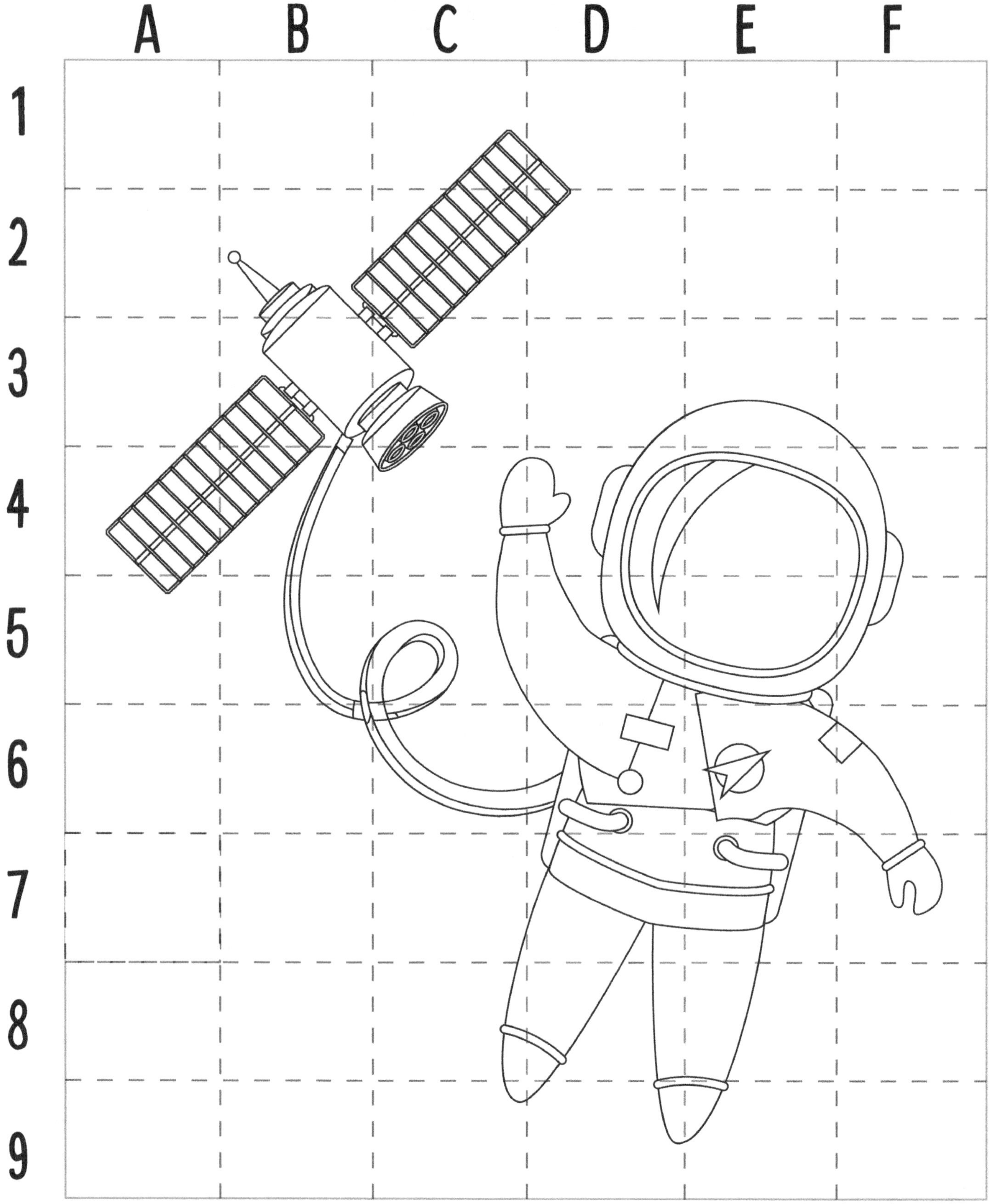

YOUR TURN!

	A	B	C	D	E	F
1						
2						
3						
4						
5						
6						
7						
8						
9						

HOW TO DRAW

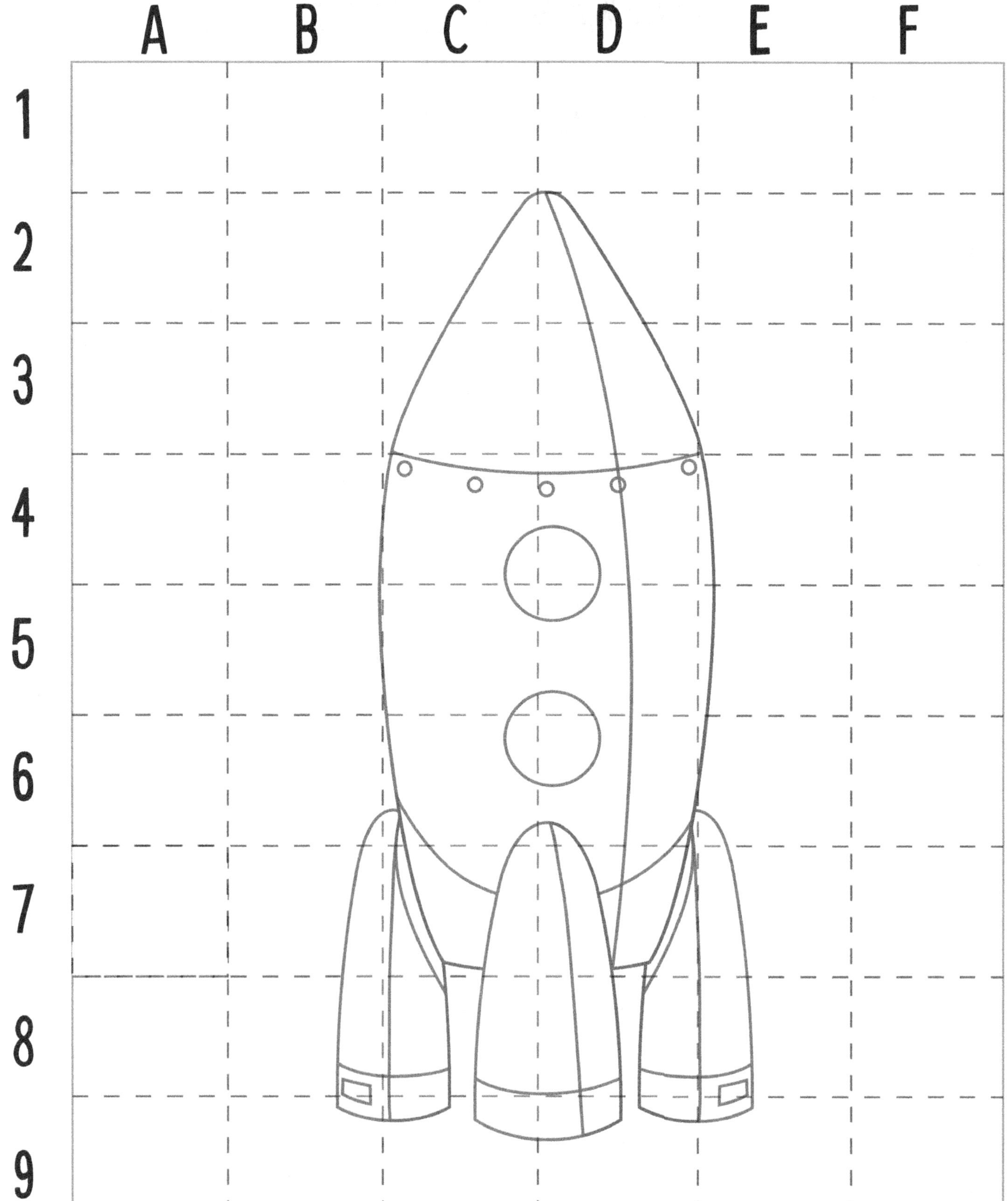

YOUR TURN!

	A	B	C	D	E	F
1						
2						
3						
4						
5						
6						
7						
8						
9						

HOW TO DRAW

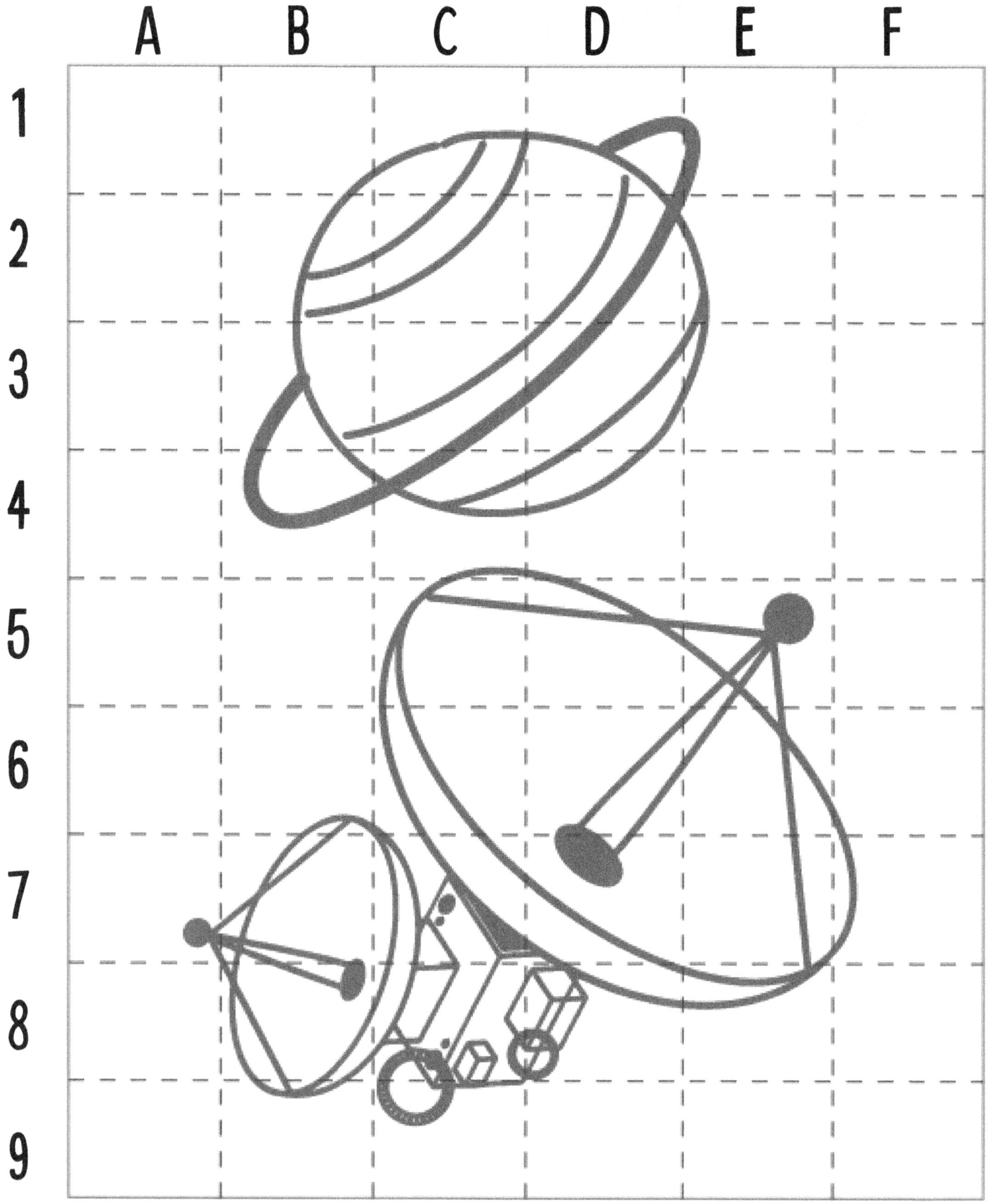

YOUR TURN!

	A	B	C	D	E	F
1						
2						
3						
4						
5						
6						
7						
8						
9						

HOW TO DRAW

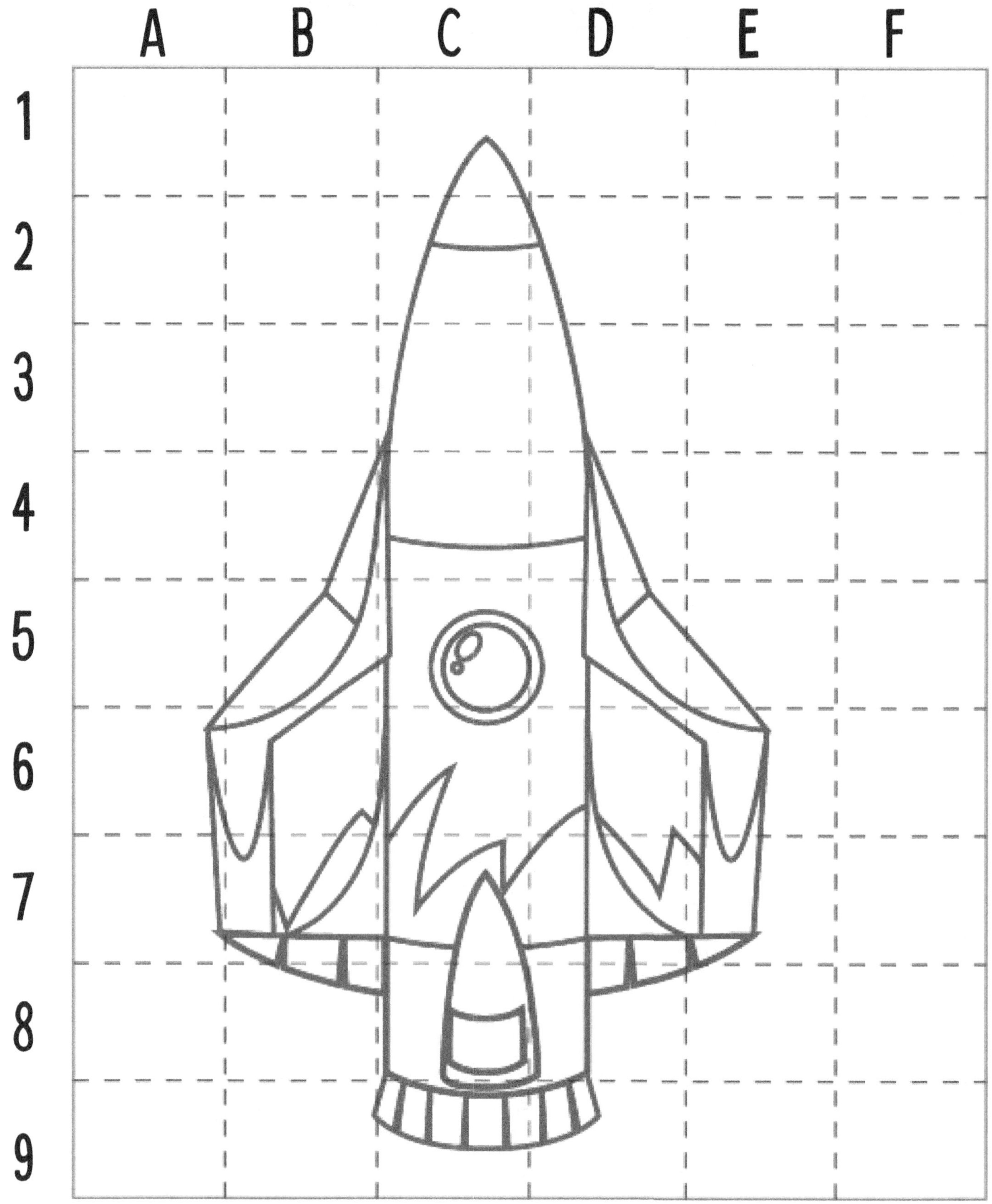

YOUR TURN!

	A	B	C	D	E	F
1						
2						
3						
4						
5						
6						
7						
8						
9						

HOW TO DRAW

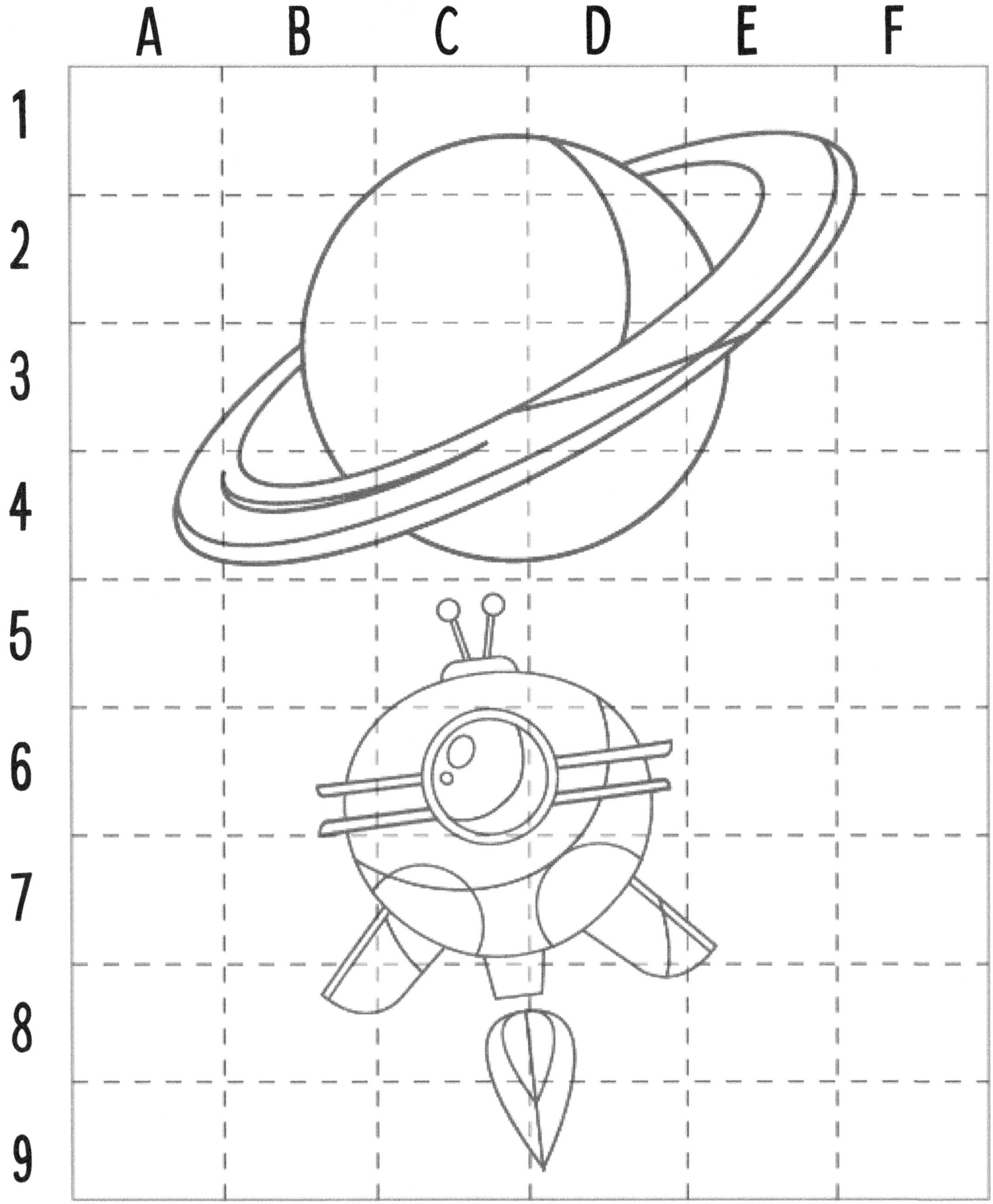

YOUR TURN!

	A	B	C	D	E	F
1						
2						
3						
4						
5						
6						
7						
8						
9						

HOW TO DRAW

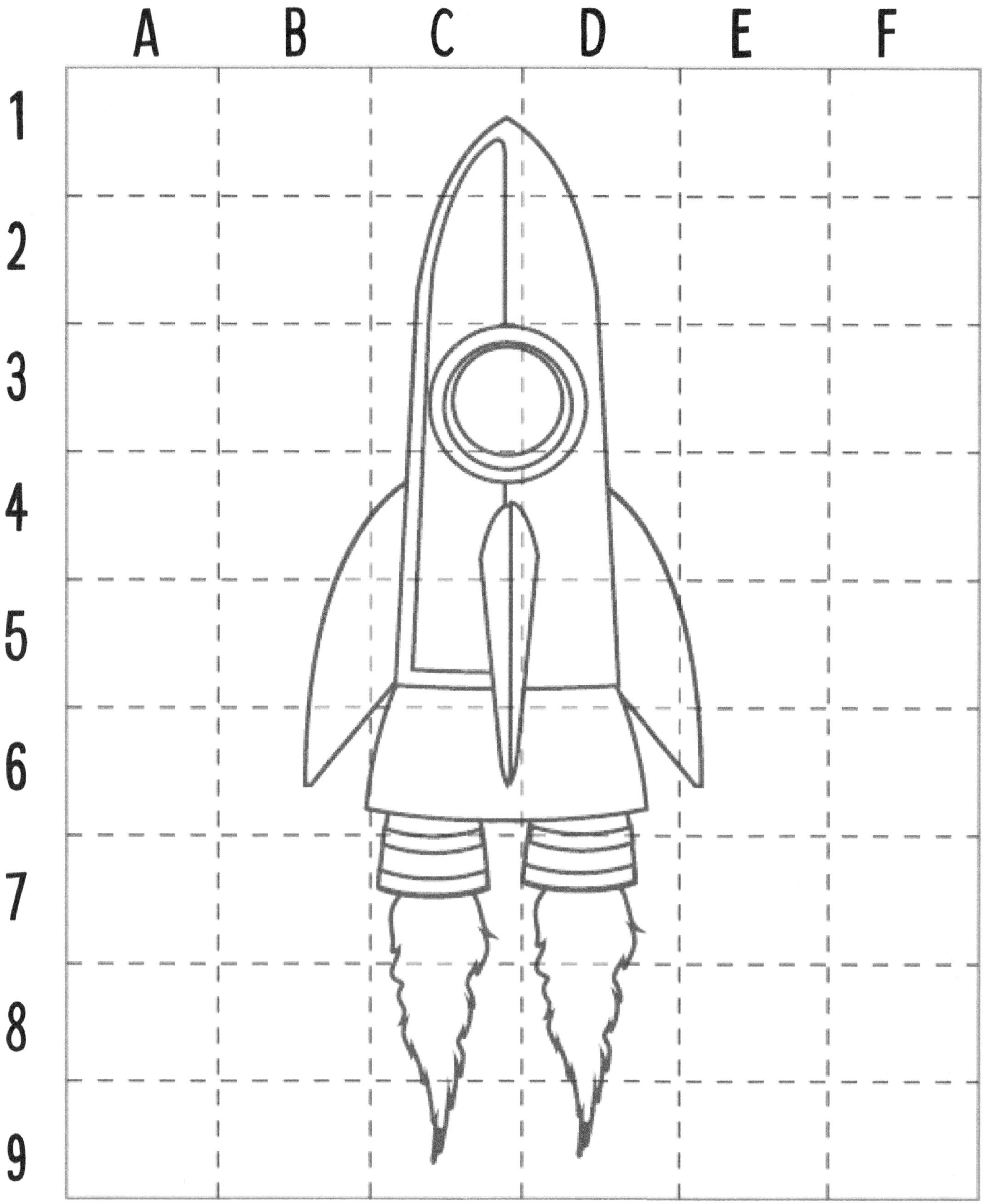

YOUR TURN!

	A	B	C	D	E	F
1						
2						
3						
4						
5						
6						
7						
8						
9						

HOW TO DRAW

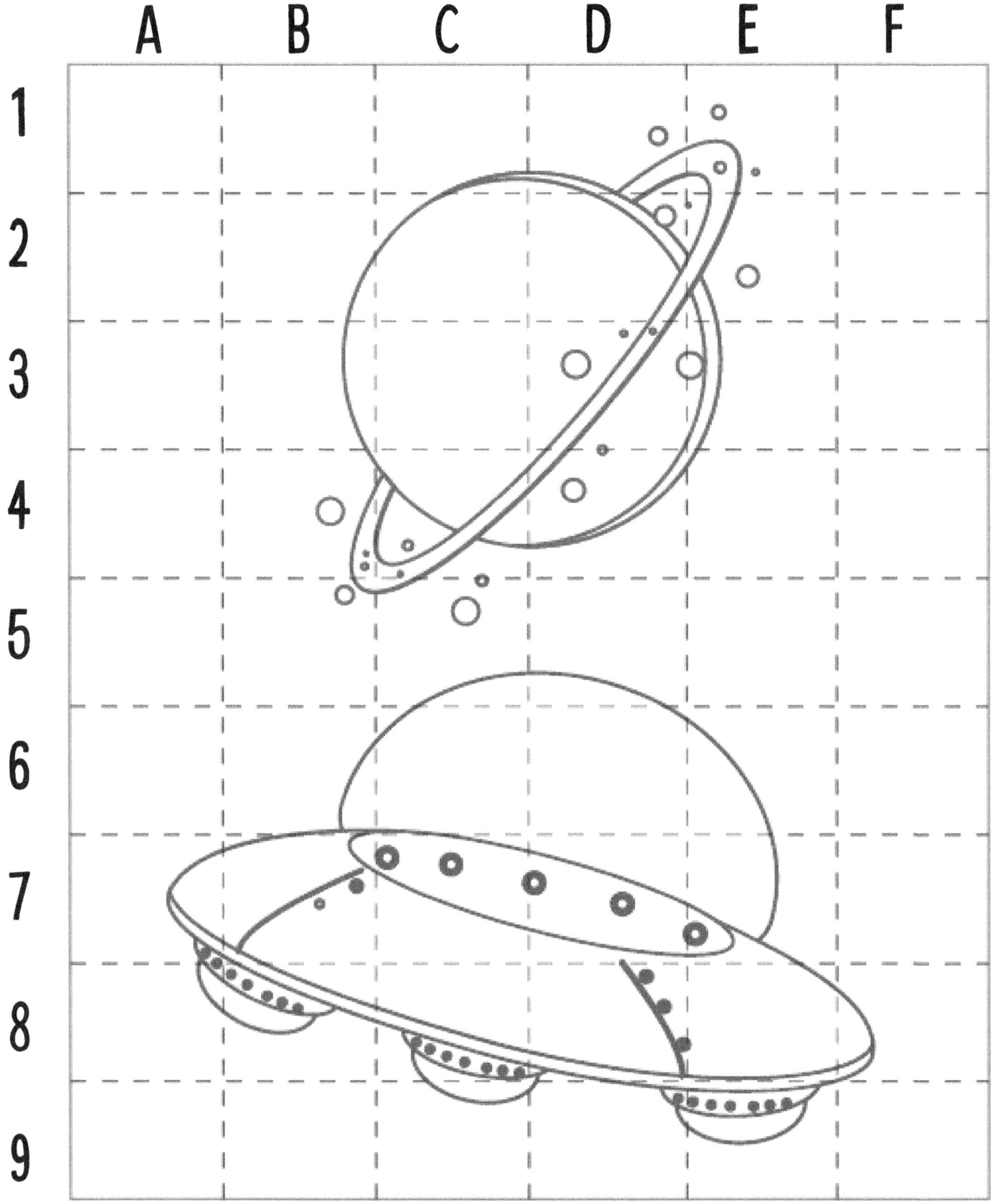

YOUR TURN!

	A	B	C	D	E	F
1						
2						
3						
4						
5						
6						
7						
8						
9						

HOW TO DRAW

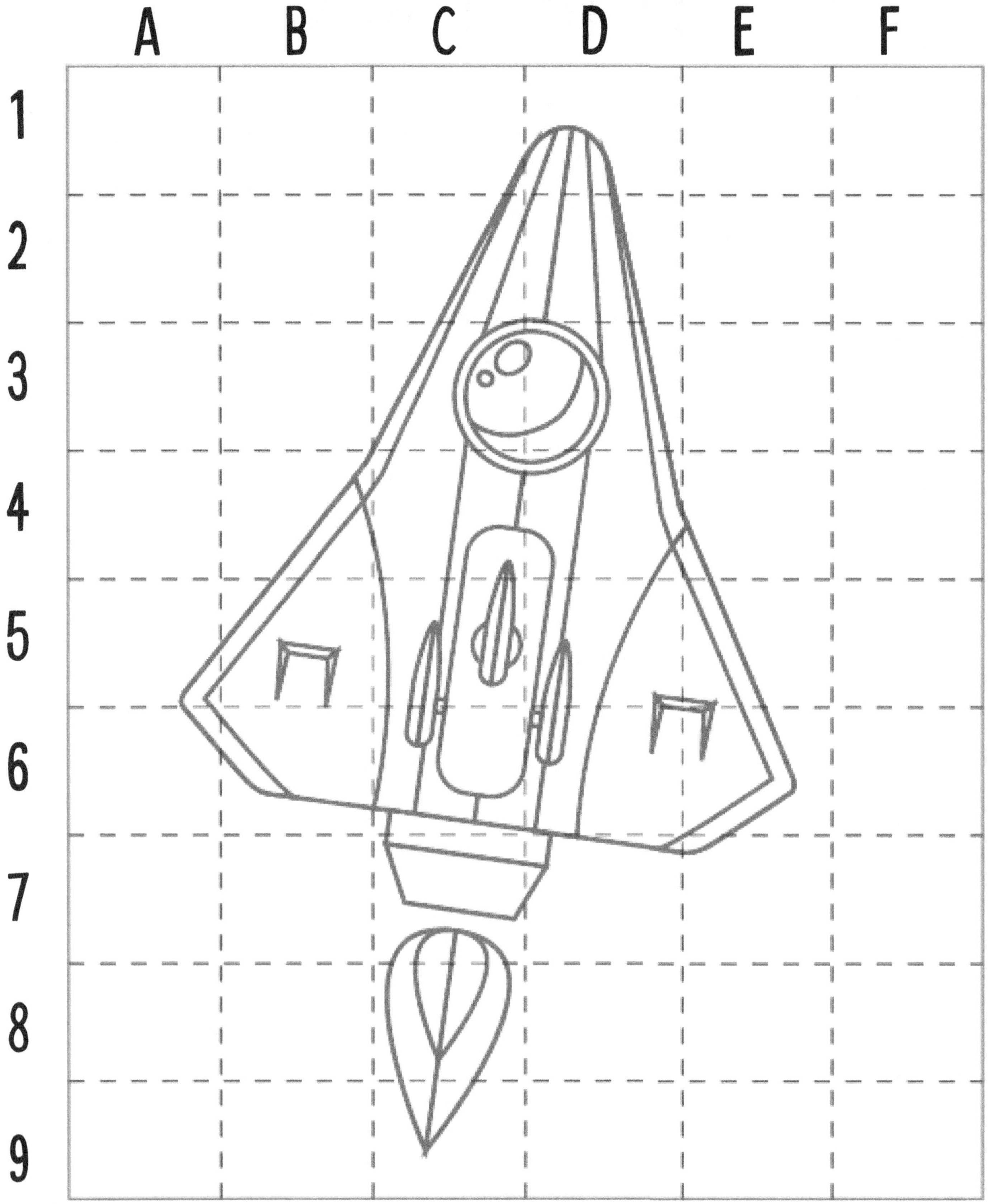

YOUR TURN!

	A	B	C	D	E	F
1						
2						
3						
4						
5						
6						
7						
8						
9						

HOW TO DRAW

A B C D E F

1 2 3 4 5 6 7 8 9

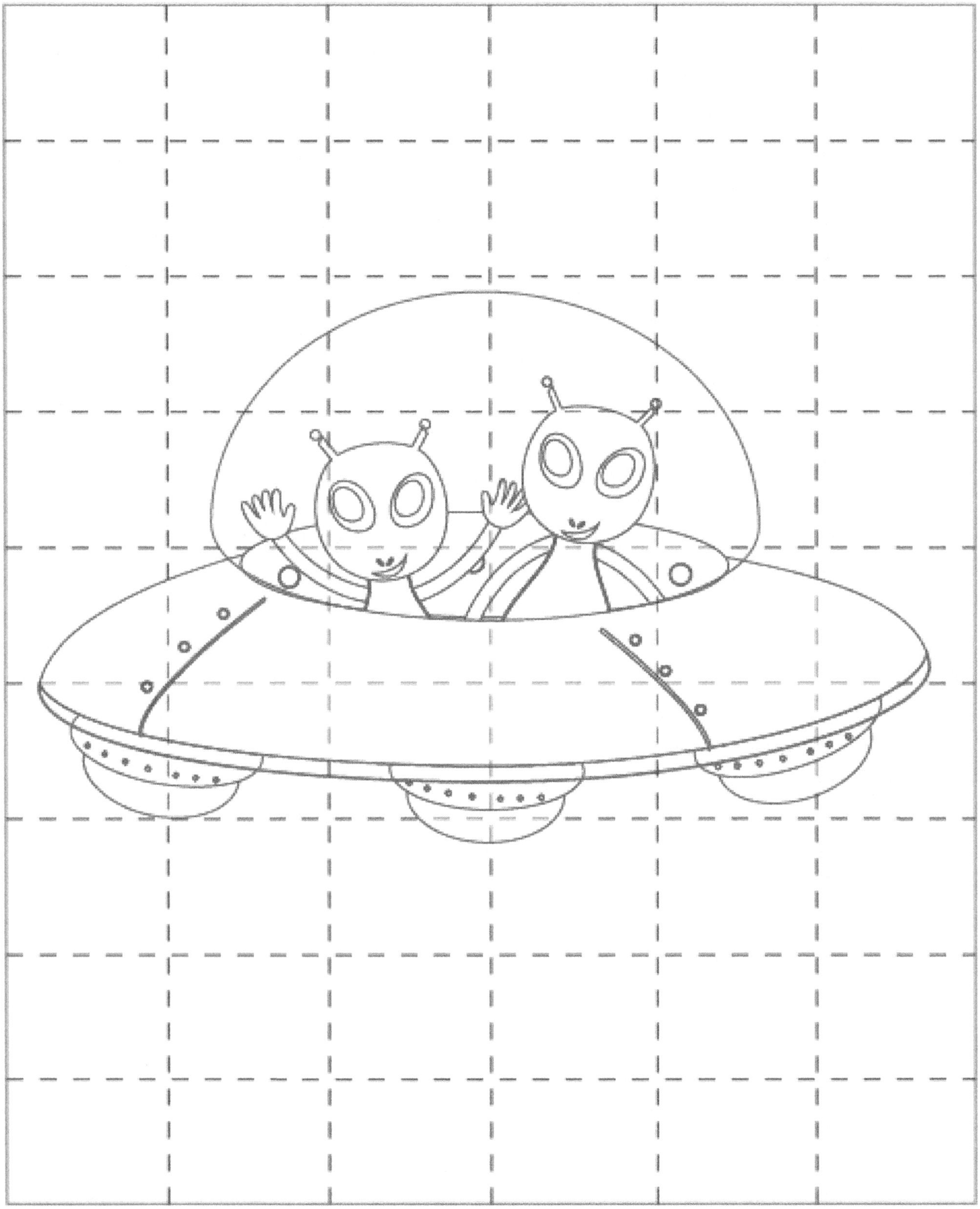

YOUR TURN!

	A	B	C	D	E	F
1						
2						
3						
4						
5						
6						
7						
8						
9						

HOW TO DRAW

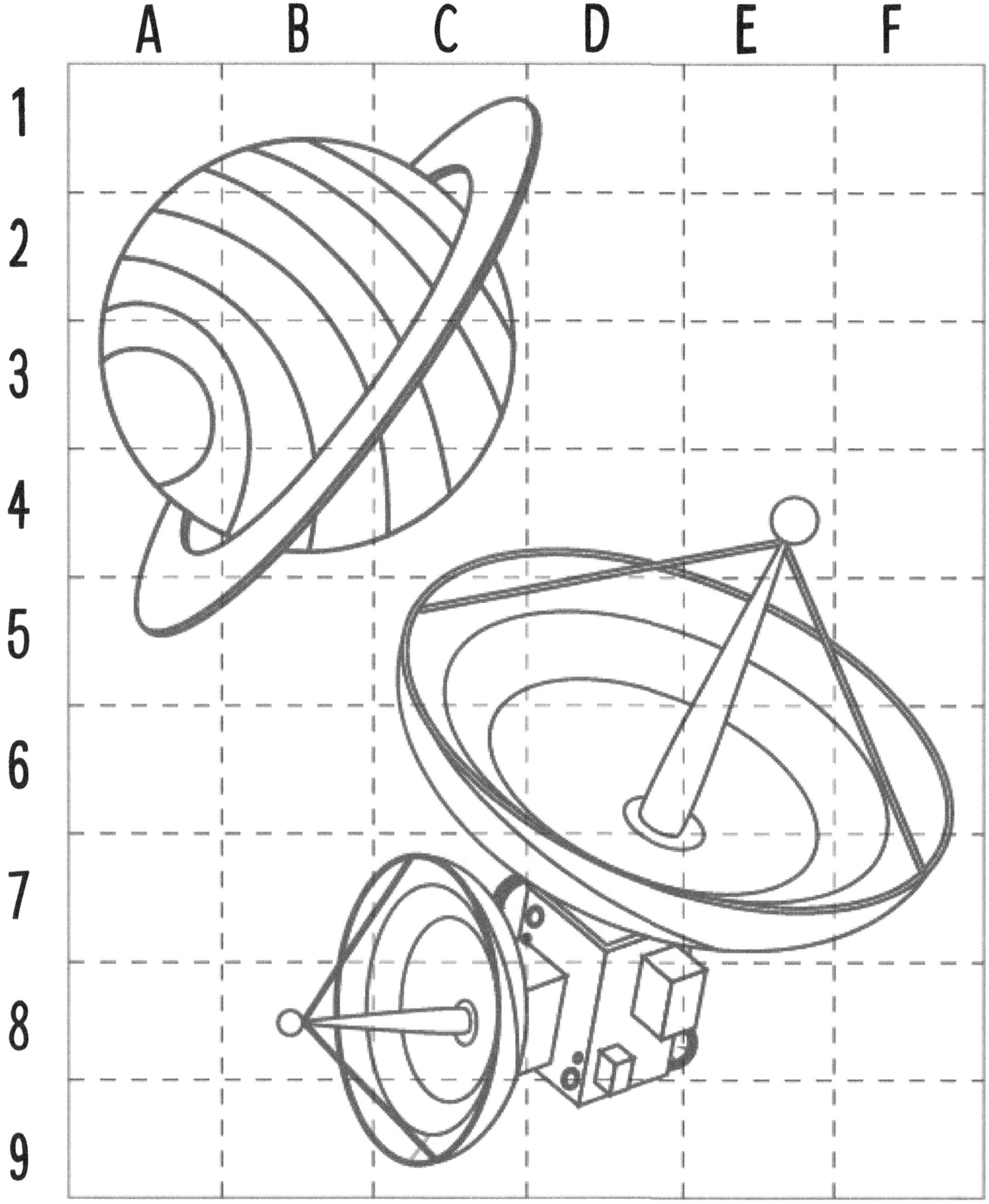

YOUR TURN!

	A	B	C	D	E	F
1						
2						
3						
4						
5						
6						
7						
8						
9						

HOW TO DRAW

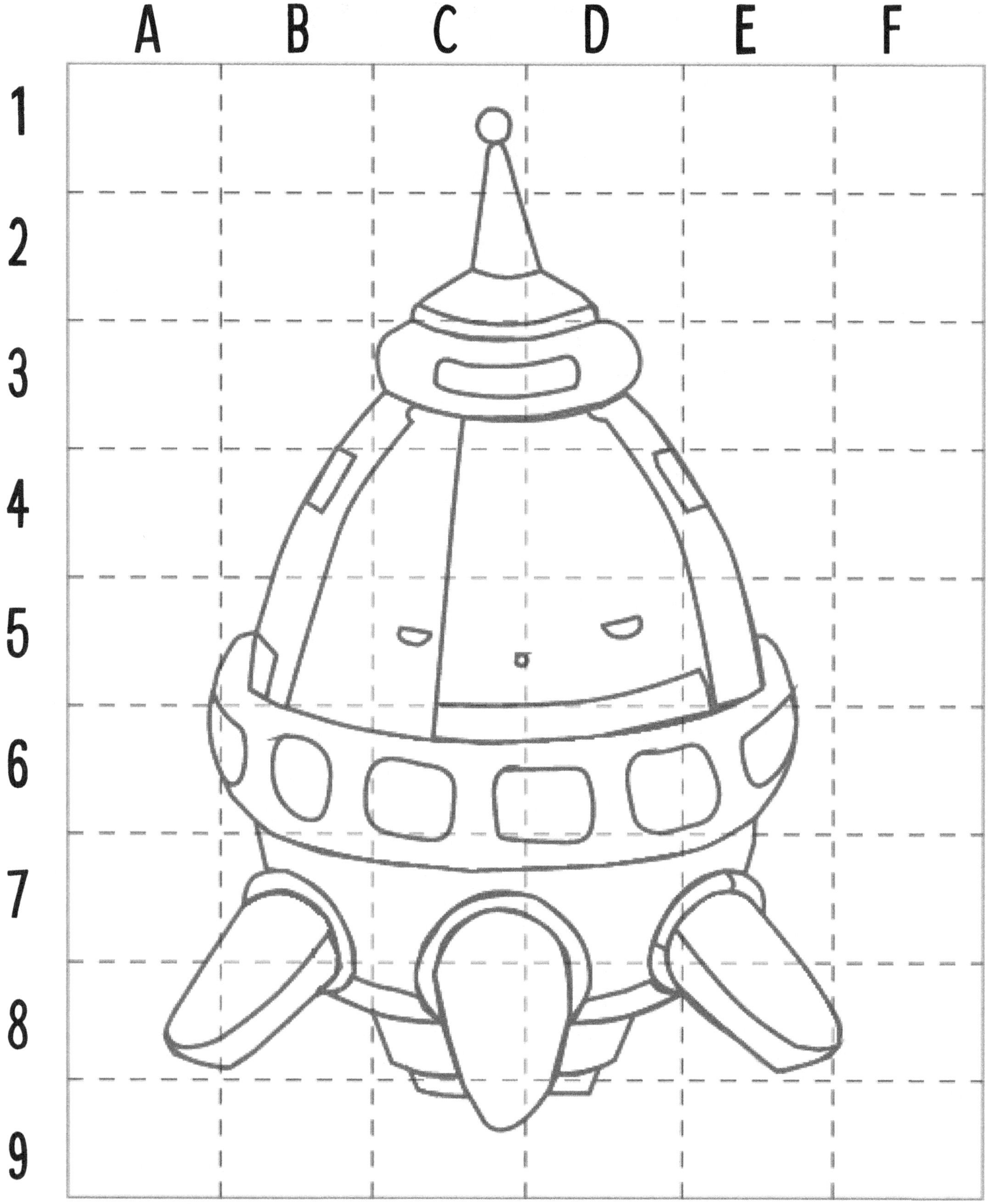

YOUR TURN!

	A	B	C	D	E	F
1						
2						
3						
4						
5						
6						
7						
8						
9						

HOW TO DRAW

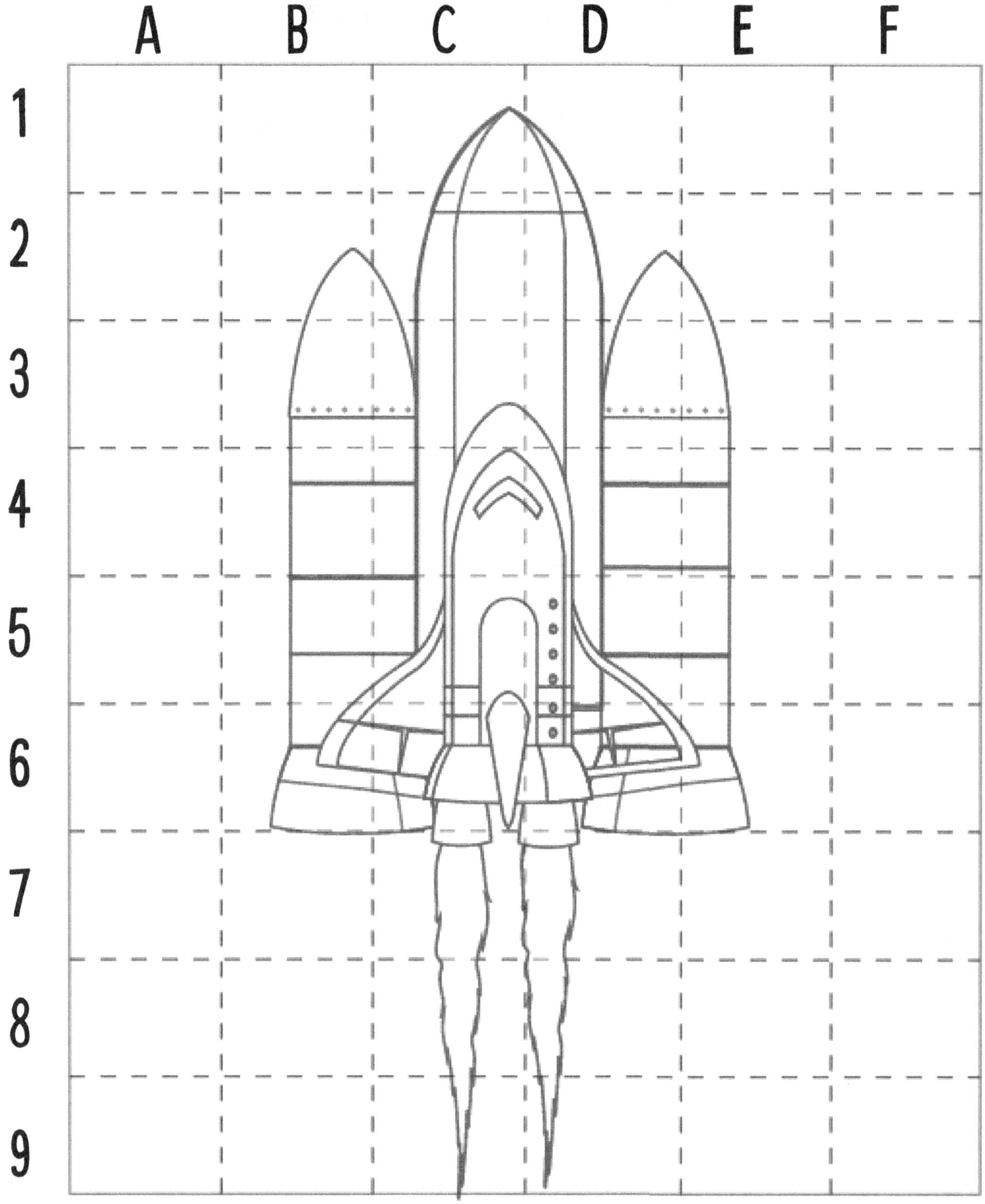

YOUR TURN!

	A	B	C	D	E	F
1						
2						
3						
4						
5						
6						
7						
8						
9						

HOW TO DRAW

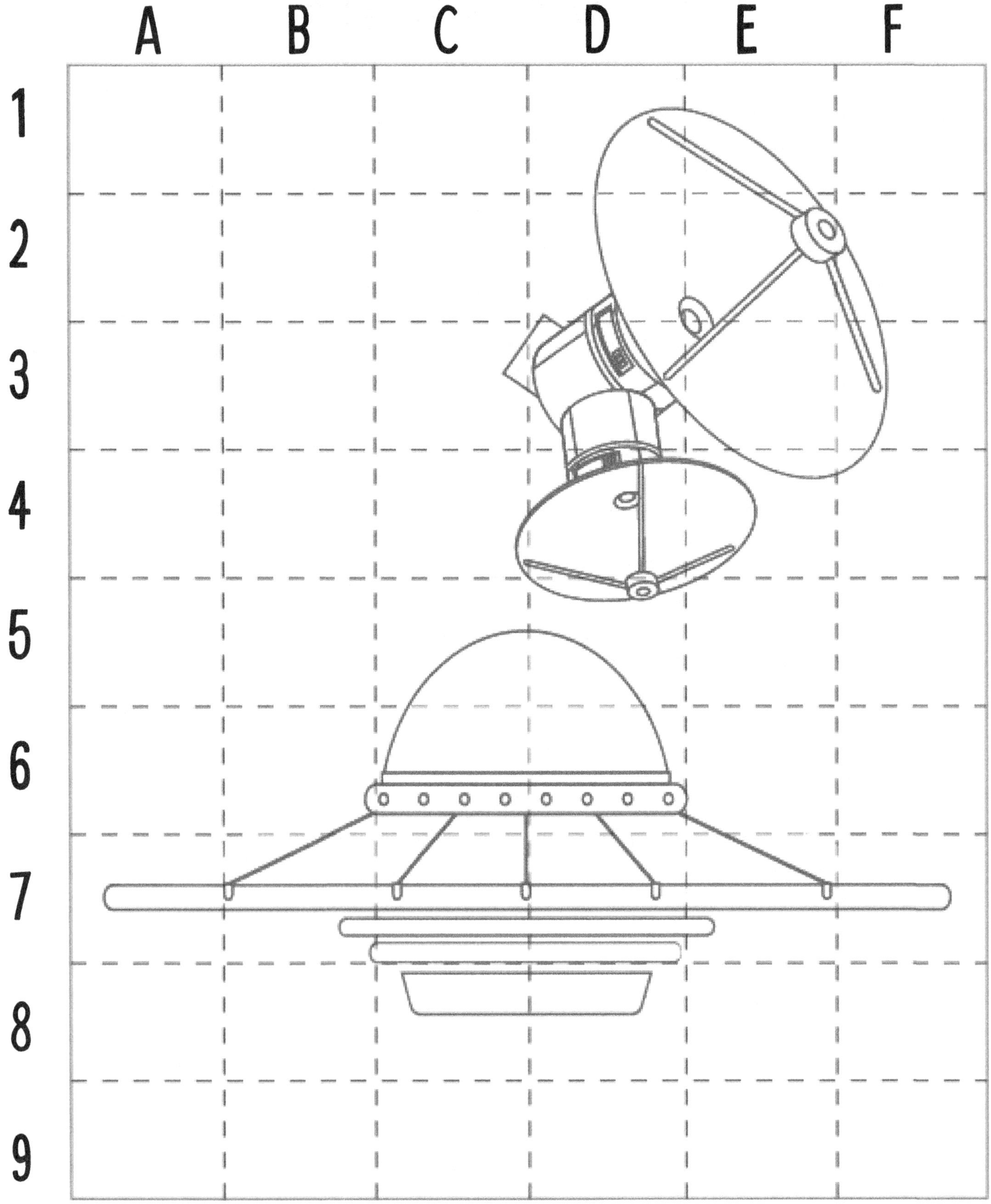

YOUR TURN!

	A	B	C	D	E	F
1						
2						
3						
4						
5						
6						
7						
8						
9						

THANK YOU FOR PURCHASING THIS BOOK!

Made in United States
North Haven, CT
26 June 2025

70134646R00030